EASY-INTERMEDIATE
BULGARIAN
Short Stories

10 Exciting Short Stories to
Improve Your Bulgarian

JENNY GOLDMANN
EDITED BY YASSEN POPOV

MELBOURNE · SOFIA · BERLIN

Easy-Intermediate Bulgarian Short Stories

www.bellanovabooks.com

Copyright © 2026 by Jenny Goldmann
Sofia, Bulgaria

ISBN: 978-619-264-090-3
Imprint: Bellanova Books

All rights reserved. No part of this book may be reproduced in any form by any electronic or mechanical means including photocopying, recording, or information storage and retrieval without permission in writing from the author.

Contents | Съдържание

Introduction | Предговор 4
Котаракът, който не обичаше кюфтета 8
Неочакваната среща на Джордж 18
По пътя на Траките 28
Тайната на Розовата долина 40
Кулинарно пътешествие в България 53
Срещу бурята 64
Като Джулия Робъртс 74
Разкриването на тайната на българската гора . 86
Градът на културата 100
Лятна приказка 114

Introduction | Предговор

Welcome to "Easy-Intermediate Bulgarian Short Stories," where you'll find a lovely collection of heartwarming, humorous, and sometimes silly tales. Follow the characters as they explore different parts of Bulgaria, from the bustling cities to the tranquil countryside. Discover the traditions and customs that make Bulgaria unique, and immerse yourself in the vibrant flavors and aromas of its cuisine.

Whether you're a beginner or an intermediate Bulgarian learner, this book is perfect for you. Our stories are written specifically for language learners at an A2-B1 level.

Why short stories?

Short stories are a great way to improve your Bulgarian language skills. They allow you to feel a sense of achievement after just a few pages, which is a great motivation for learners. Moreover, these stories are designed to be easy to understand, so you won't struggle to reach the end.

Reading short stories in Bulgarian can also help you improve your vocabulary, including idiomatic expressions and colloquialisms that are commonly used in everyday conversations. Additionally, they help you to understand the structure and grammar of the Bulgarian language, improving your grammar and sentence structure skills, as well as your understanding of Bulgarian syntax.

To get the most out of this book, we recommend the following tips:

Take your time: You don't need to know every word in the book to understand it. Instead, focus on the words you do know and try to piece them together in the sentence to decipher the meaning. Don't be discouraged if you haven't studied all the tenses used in the book, especially if you're at an A2 level. Look at the beginning of the verbs and see if they resemble a verb you already know. Chances are, you do! Keep a dictionary close by, and you'll be surprised at how rapidly you'll make progress.

Read regularly: Make a habit of reading in Bulgarian on a regular basis. This will help you to build up your vocabulary and grammar skills over time.

Take notes: As you read, take notes on new words and phrases that you come across. You can also note down sentence structures and grammar rules that you find difficult to understand.

Practice speaking: Use the new vocabulary and grammar that you have learned in the short stories in your conversations with other Bulgarian speakers. This will help you to internalize the language and improve your fluency.

Test yourself: Challenge yourself by taking the quiz at the end of each story to test your knowledge. You can also use the discussion prompts to take your learning to the next level. Even if you don't have anyone to talk to, don't be afraid to have a discussion with yourself!

And finally, don't forget to have **fun** and be **proud** of your progress! Bulgarian is a notoriously difficult language to learn, so be kind to yourself, enjoy the stories, and watch your Bulgarian language skills grow.

Котаракът, който не обичаше кюфтета

Това е Митко, моят **котарак**. Митко обича да се катери по **дървета** и да си играе. Един ден, докато се разхождаше, той срещна друга котка, която не беше виждал преди. Тя беше голяма, силна и малко страшна.

Тя погледна Митко и го покани да се присъедини към нея и приятелките й, за да похапнат **кюфтета**.

„Благодаря за поканата", каза Митко, „но не ям кюфтета."

„Какво ти има, Митко?" попита котката. „Защо не ядеш кюфтета? Всички котки в България обичат кюфтета!"

Митко се обърка. Той никога не беше ял кюфтета и не знаеше дали ги харесва.

„Не знам", каза Митко. „Никога не съм ги пробвал."

Пристигнаха и другите котки, които се присмяха на Митко.

„Ти не си истинска българска котка, ако не обичаш кюфтета!" рекоха те.

Митко се почувства тъжен и самотен. Той наистина искаше другите котки да го харесват.

Затова реши да пробва кюфтета. Отиде до най-близкия грил и си поръча едно кюфте. Но когато го опита, не му хареса. Другите котки го видяха как се мъчи с кюфтето и пак му се присмяха.

„Вижте! Не е истинска българска котка! Дори не обича кюфтета!" казаха те.

Митко се почувства още по-зле. Той беше направил всичко възможно, за да се сближи с тях, но нищо не се получаваше.

Но тогава му хрумна идея. Той щеше да им покаже, че има и други вкусни неща в България.

Реши да пробва нещо ново. Отиде до близката пекарна и купи хлебно изделие, наречено „**баница**". Митко опита баницата и тя му хареса! Другите котки го видяха и се изненадаха.

„Уау, това изглежда вкусно", каза една от котките. „Може ли да опитам и аз?"

Митко кимна и ѝ даде малко. Другите котки също я опитаха и бяха впечатлени.

„Това е наистина вкусно!", казаха те. „Не знаехме, че има и други неща в България, които са толкова вкусни, колкото кюфтетата."

От този ден нататък Митко не се чувстваше самотен и отхвърлен. Той откри нови приятели, които го приемаха такъв, какъвто е. И им показа, че има много други вкусни неща в България, които могат да се опитат.

Но това не беше краят на историята. Един ден, когато Митко се върна от разходка, група котки от неговия квартал се прибраха от **екскурзия** и донесоха кюфтета. Започнаха да ги ядат и поканиха Митко да се присъедини към тях.

Митко погледна кюфтетата и си спомни за миналия си опит с тях. Той се поколеба за момент, но след това си спомни за баницата и реши да пробва отново. Митко помириса кюфтетата и изяде малко от тях. Този път му харесаха. Той беше много щастлив и ги изяде всичките!

Другите котки гледаха с изумление как Митко се наслаждава на кюфтетата. Те бяха щастливи, че са му помогнали да открие нещо ново и вкусно.

„Ние сбъркахме", каза една от котките на Митко. „Не става въпрос за това какво ядеш или не ядеш, а за това, че си готов да опиташ.

Важно е да си отворен за нови възможности и преживявания."

Митко кимна в съгласие и се почувства щастлив и удовлетворен. Той не само намери нови приятели, но и научи, че е важно да бъдеш смел и да опитваш нови неща.

От този ден нататък Митко беше щастлив и отворен котарак. Той научи, че и в България, и по света има толкова много неща, които може да опита и на които да се наслади. И той знаеше, че винаги ще има приятели, които го приемат и обичат, независимо от това какво яде или не яде.

New words | Нови думи

- **котарак** - a male cat
- **дърво/ета** - tree/s
- **кюфте/та** - meatballs
- **баница/и** - traditional Bulgarian pastry made of filo pastry and cheese
- **екскурзия/и** - excursion, trip

Test yourself | Тествай се

1. Какво обича Митко да прави в свободното си време?

а) Да играе с играчки
б) Да се катери по дървета и да си играе
в) Да спи по цял ден

2.   Кого срещна Митко един ден по време на разходка?

а) Друга котка, която не беше виждал преди
б) Група кучета, които го преследваха
в) Птица, която искаше да хване

3.   Защо Митко се чувстваше тъжен и самотен?

а) Защото не харесваше същата храна като другите котки
б) Защото нямаше приятели
в) Защото другите котки му се присмиваха

4.   Какво опита да направи Митко, за да се сприятели с другите котки?

а) Опита да се изкачи по-високо по дърветата
б) Опита да изяде кюфте, въпреки че не му харесваше
в) Опита да ги заплаши

5.   Какво откри Митко, че обича да яде вместо кюфтета?

а) Баница
б) Сосиски
в) Хляб

6.   Какъв урок научи Митко от преживяването си с другите котки?

а) Винаги да яде кюфтета, за да е истинска българска котка
б) Че е важно да бъде смел и да опитва нови неща
в) Че не е важно да имаш приятели, а само да ядеш същата храна

Discussion | Дискусия

1. Какво научи Митко от това, че опита нови неща? Мислите ли, че е важно да опитваме нови неща?
2. Промени ли се Митко по време на историята? Как? Имате ли и вие примери за подобни случки или ситуации?
3. Смятате ли, че е важно да харесвате същите неща като приятелите си?

Answers | Отговори

1 — б
2 — а
3 — в
4 — б
5 — а
6 — б

Неочакваната среща на Джордж

Джордж е американец, който е за първи път в България. Един ден, докато се разхождаше из малко селце, видя човек, облечен в странни дрехи, който танцуваше и носеше големи звънци и **рога**. Това беше **кукер**.

Джордж беше много изненадан и малко уплашен. Никога преди не беше виждал такива странни **обичаи**. Той не разбираше какво точно се случва и се уплаши от човека с маска и рога.

Тогава няколко българи се приближиха до Джордж и му обясниха, че това е традиционен български костюм и че танцуването и шумът на кукерите помагат да **прогонят злите сили и духове**. Те му казаха, че тези танци и ритуали са част от **националното наследство** на

България и че са много ценени от **местните хора**.

„Какво точно правят кукерите?" попита Джордж.

„Те танцуват и вдигат шум, за да прогонят злите духове и да привлекат доброто към селото", отговори един от българите.

„Това е много интересно", каза Джордж. „А откъде произлизат тези традиции?"

„Те имат дълга история и се практикуват в България от много години", каза другият българин. „Всяка **област** има свой уникален кукерски танц."

Тези разговори **развълнуваха** Джордж. Той беше заинтригуван от българската култура и история и реши да научи повече за кукерите и другите традиции.

Така Джордж продължи да разглежда България и да научава повече за кукерите. Той посещаваше различни села и градове и виждаше кукери навсякъде. Научи, че всяка област има своя уникална кукерска традиция.

Джордж беше изумен от това, което беше открил. Той разбра, че кукерите не са толкова страшни, колкото изглеждат. **Напротив** — те са прекрасен символ на българската култура и наследство. Той започна да се интересува все повече от традициите и да общува с местните хора.

„Много ми харесва България и нейната култура", сподели той с един българин. „Има много нови неща за научаване и откриване!"

„Да, наистина имаме много хубави традиции и обичаи", отговори българинът с усмивка. „Много се радвам, че ти харесва тук."

Един ден Джордж научи танц, който кукерите изпълняват по време на своите ритуали. Той се присъедини към местните кукери в едно село и танцува заедно с тях. Всички около него се усмихваха, докато го гледаха.

„Ти се справяш чудесно!" каза един от кукерите.

„Благодаря, наистина се забавлявам", каза Джордж с усмивка.

От този ден нататък Джордж стана голям **почитател** на кукерите и българската култура. Той никога повече не се страхуваше от кукерите. Напротив — те му напомняха за красотата и богатството на България.

Когато Джордж се върна в САЩ, той започна да споделя своите преживявания и научените уроци за българската култура и традиции. Той препоръчваше България като прекрасна дестинация за посещение и казваше, че всеки, който иска да се запознае с различни култури и традиции, трябва да посети България.

Така Джордж стана пример за това какво може да се постигне, когато се отвориш за нови преживявания и изучаваш нови култури.

Той разбра, че колкото повече научаваш за други култури, толкова повече се **обогатяваш** като личност и толкова повече се радваш на живота.

New words | Нови думи

рог/ове – horn/s
звънец/звънци – bell/s
националното наследство – national heritage
област/и – area, region
развълнувам – to stir up / strongly excite
злите сили и духове – evil forces and spirits
напротив – on the contrary
местни хора – local people
почитател/ка – fan, admirer
обогатявам – to enrich
обичай/и – custom/s
прогонвам – to drive away / chase away

Test yourself | Тествай се

1. Кой е Джордж?

а) Българин
б) Американец
в) Руснак
г) Немец

2. Какво е кукер?

а) Човек, облечен в традиционен български костюм
б) Нов вид музика
в) Вид винен коктейл
г) Ястие от боб

3. Какво представляват кукерските танци и ритуали?

а) Танцови групи
б) Компания за производство на костюми
в) Ресторант, специализиран в българска кухня
г) Традиционен ритуал за прогонване на злите сили

4. Защо танцуват кукерите?

а) За да покажат своята елегантност
б) За да развлекат местните хора
в) За да прогонят злите сили и духове
г) За да покажат мускулите си

5. Как реагира Джордж, когато научава, че кукерите са част от националното наследство на България?

а) Казва, че не му пука
б) Казва, че не разбира значението на „национално наследство"
в) Става заинтригуван и иска да научи повече
г) Казва, че не вярва в зли духове

6. Какво научава Джордж от кукерите?

а) Да се страхува от тях
б) Че България е страна, която не струва да се посещава
в) Че кукерите са важна част от българската култура и традиции
г) Че България има страхотна храна

Discussion | Дискусия

1. Какво ви хареса най-много в историята за Джордж и кукерите?
2. Според вас защо са важни традиционните ритуали като кукерството за запазването на културното наследство на една страна?
3. Какво можете да направите, за да покажете уважение към културното наследство на други народи?

Answers | Отговори

1 — б
2 — а
3 — г
4 — в
5 — в
6 — в

По пътя на Траките

Група приятели от София, които обичат да разглеждат исторически места, решиха да се впуснат в приключение и да посетят древни тракийски **забележителности** в България.

„Хайде, приятели! Да потеглямe!" каза Мартин, като гледаше към колата.

„Къде ще отидем първо?" попита София.

„Мисля, че трябва да посетим Кабиле, едно от най-важните тракийски места в България", отговори Мартин.

„Добре, но как ще стигнем дотам?" запита Тодор.

„Не се притеснявайте, аз имам карта и GPS", каза Мартин и показа на приятелите си смартфона.

След като се качиха в колата, приятелите потеглиха. Времето беше прекрасно и **пейзажите** около тях бяха красиви.

„Това е, това е!" каза Мартин, когато стигнаха до Кабиле.

„Видяхте ли тези древни стени и колони? Това е магическо място", добави той.

„Да, много интересно", казаха приятелите му.

„А сега кой иска да си купи някакви сувенири?" попита Мартин с усмивка.

Приятелите му се усмихнаха и тръгнаха към магазините за сувенири.

„Искате ли сувенир, с който да запомните деня?" попита една от продавачките.

„Ще разгледаме, благодарим ви", отговори Мартин.

Приятелите започнаха да разглеждат магазина, който беше пълен със сувенири, книги и картини на местата, които бяха посетили.

„Вижте този **медальон**! Има тракийски

символи и изглежда много автентичен", каза София.

„Аз ще взема тази книга за Кабиле. Изглежда много интересна", каза Тодор.

„Аз ще си взема тази картина на Свещарската гробница. Тя е страхотна", каза Мартин, като показа картината, която му беше харесала.

След като приятелите купиха няколко сувенира, те се насочиха към Свещарската гробница.

„Това е много красиво място", каза София, докато гледаше към пейзажа.

„За съжаление няма много останки от древните траки тук, но все пак е интересно да видим района", добави тя.

Приятелите се разходиха около мястото, изградено на висока могила, която се намираше близо до Казанлък. Върху хълма имаше различни структури – религиозни **паметници** и крепости, които са били построени в древността.

„Този хълм има голямо значение за тракийската история. Тук е било изградено едно от най-важните тракийски светилища", обясни Тодор.

„Интересно, нали? Тракийците са били много чувствителни към силите на природата", каза Мартин.

„Да, и те също са почитали слънцето. Много от техните светилища са били насочени към **изгрева** или залеза", добави София.

Приятелите се разходиха около хълма, като внимаваха по стръмните стъпала и стълби. Те видяха красиви гледки към планините и долините наоколо, както и различни статуи и **гравюри** на тракийски богове.

„Вижте тази **колона**. Тя е украсена с тракийски символи и изглежда много древна", каза София.

„Мисля, че тези символи **представляват** някаква тракийска писменост", отговори Мартин.

„Да, тракийската писменост все още не е напълно разшифрована", каза Тодор.

Приятелите продължиха да разглеждат различните структури на **хълма** и да разговарят за историята и културата на тракийците. След това посетиха и други места, включително Александровската гробница, където са открити гробници на тракийски **владетели**.

След целия ден на разходки и приключения приятелите бяха уморени, но и изпълнени с нови знания и преживявания.

„Това беше страхотен ден", каза София.

„Наистина, изучаването на българската история може да бъде много забавно", съгласи се Тодор.

„Да, и можем да научим толкова много нови неща. Следващия път трябва да посетим още места", добави Мартин.

Приятелите се усмихнаха и поеха по пътя обратно към домовете си. Те планираха да продължат да обикалят България и да откриват още интересни места, свързани с тракийската култура.

Така завърши приключението на групата приятели по пътя на траките. Те откриха богатствата на България и се насладиха на много красиви места, докато изучаваха древната история и култура.

New words | Нови думи

забележителност/и – landmark/s
пейзаж/и – landscape/s
колона/и – column/s, pillar/s
изгрев – sunrise
медальон/и – medallion/s, pendant
представлявам – to represent
хълм/ове – hill/s
гравюра/и – engraving/s
паметник/паметници – monument/s
владетел/и – ruler/s

Test yourself | Тествай се

1. **За какво е историята?**

а) За група приятели, които се отправят на пътешествие, за да изследват древни тракийски забележителности в България
б) За група ученици, които изучават българската история в училище
в) За семейство, което почива в България и посещава популярни туристически дестинации

2. **Как се казва историческият обект, който приятелите посещават първо?**

а) Рилски манастир
б) Храм-паметник „Свети Александър Невски"
в) Кабиле

3.   Какво е значението на Кабиле?

а) Това е едно от най-важните древногръцки места в България
б) Това е едно от най-важните римски места в България
в) Това е едно от най-важните тракийски места в България

4.   Какво купиха приятелите от магазина в Кабиле?

а) Само книги
б) Само картини
в) Сувенири, книги и картини

5.   Коя гробница посещават приятелите по-късно в пътуването?

а) Александровската гробница
б) Гробницата на Александър Велики
в) Средновековна българска крепост

6. Какво планират да направят приятелите в бъдеще?

а) Да продължат да изследват България и да откриват нови исторически забележителности
б) Да се върнат у дома и да забравят за приключението
в) Да посетят Гърция и да изследват нейните забележителности

Discussion | Дискусия

1. Какво ви хареса най-много в историята? Има ли исторически факти или места, които ви впечатлиха?

2. Кои са най-интересните исторически забележителности, които сте посещавали?
3. Защо според вас е важно да изучаваме историята и културата на своята държава? Как това може да ни помогне да разбираме по-добре света около нас и хората, които живеят в него?

Answers | Отговори

1 — а
2 — в
3 — в
4 — в
5 — а
6 — а

Тайната на Розовата долина

Малка група приятели от Варна решиха да отидат на екскурзия до **Розовата долина**. Те знаеха, че това място е известно с красивите рози, които растат там. Но те също така знаеха, че там има нещо много тайнствено и красиво.

Когато стигнаха до Розовата долина, те забелязаха много красиви рози, които растяха навсякъде. Розите имаха различни цветове – розов, червен, жълт и бял. Но имаше нещо друго, което привлече вниманието на приятелите.

„Вижте, там има малък вход. Къде води този тунел?" попита Васил, най-дръзкият от групата.

„Не знам, но изглежда интересно. Нека да го изследваме", каза Малина.

Те влязоха в тунела и започнаха да се разхождат. Тунелът беше тъмен и страшен, но те продължиха напред. След няколко минути стигнаха до една малка стая.

„Вижте, тук има малка стая. Каква красота!", каза Емил.

В стаята имаше много красиви цветя и растения. Беше като малък затворен градински парк. Но имаше нещо друго, което ги изненада.

„Вижте, има малък ключ. За какво ли е този ключ?" попита Васил.

„Не знам, но нека да опитаме да го използваме", каза Емил.

Те използваха ключа и отвориха малък **скрин**, който беше **скрит** зад едно от растенията. В него имаше много документи и стари карти. Беше като малък музей на историята на Розовата долина.

„Вижте, има стари карти на Розовата долина. Тук има много интересни неща", каза Малина.

„Да, наистина!", възкликна Васил.

Документите и картите в скрина ги отведоха към тайнствена легенда, която гласеше, че в Розовата долина има скрито **богатство**, което никой не е успял да открие.

Те бяха много развълнувани от новината и започнаха да търсят повече информация.

След кратък размисъл приятелите решиха да продължат търсенето си в Розовата долина. С помощта на карти и инструкции от скрина те се насочиха към най-отдалечените кътчета на долината.

След няколко дни те стигнаха до малък **храм**, който беше скрит сред красивите рози. В храма имаше статуи и изображения на древни богове и герои, както и много скъпоценности, които бяха скрити в дълбините на храма.

„Изглежда като музей на древните богове и герои", каза Васил.

Те започнаха да разглеждат внимателно всеки ъгъл на храма. След няколко часа откриха скрита стая в дълбините на храма. В стаята имаше още много скъпоценности и документи.

„Не мога да повярвам, че намерихме тези невероятни неща", каза Малина.

„Да, наистина. Изглежда като част от скритото богатство на Розовата долина", каза другият приятел.

В един момент те намериха карта, която водеше към последното място, където можеше да бъде открито богатството. Но картата беше непълна и съдържаше само малко информация.

Те се насочиха към малко селце. Там срещнаха местен жител, който им каза за красивата река, преминаваща през Розовата долина. Реката била позната като място от една легенда, която разказва за **съкровище**, скрито някъде в близост до нея. Те знаеха, че това е точно мястото, където съкровището е скрито.

След кратко обмисляне приятелите решиха да продължат търсенето си, като взеха със себе си лодка, която да им помогне да стигнат по-близо до реката. Те взеха и картата, която бяха намерили в храма, и започнаха да търсят съкровището.

Те слязоха на брега на реката и започнаха да търсят. След няколко минути намериха малка каменна крепост, която беше скрита зад дърветата. Крепостта беше много стара и изглеждаше забравена от света.

Влязоха в крепостта и започнаха да търсят. След известно време намериха малка стая, която беше скрита зад една от стените. В нея имаше много скъпоценности, пари и документи.

„Уау, тези **скъпоценни камъни** са толкова красиви!", каза един от приятелите.

„Да, наистина. Изглежда като съкровището, което търсихме", каза другият приятел.

Те взеха всичко, което можеха да носят, и излязоха от крепостта. Тогава решиха да продължат търсенето си, за да видят дали има още нещо, което не са забелязали.

След няколко минути намериха малък тунел, който беше скрит зад един от камъните на крепостта. Тунелът беше много тесен и тъмен, но те решиха да продължат напред. След няколко минути стигнаха до малка стая, която беше напълно празна.

„Това е много странно", каза Малина.

„Да, наистина. Нещо не е наред", каза Васил.

Те започнаха да разглеждат стените на стаята и скоро откриха малко скрито **копче**. Копчето беше трудно за натискане, но накрая успяха да го натиснат. След това една от стените на стаята се разтърси и започна да се движи.

Пред тях се появи огромна стая, която беше препълнена с още повече **скъпоценности**, пари и документи. Те бяха изумени от голямото богатство, което бяха открили.

„Това е невероятно! Такова богатство!", каза изненадан Емил.

„Да, наистина. Никога не бихме могли да си представим, че ще намерим нещо толкова страхотно", каза Васил.

Те взеха всичко, което можеха да носят, и

напуснаха **крепостта**. Бяха много щастливи и знаеха, че са открили най-голямото съкровище в Розовата долина.

След като събраха всички скъпоценности и пари, приятелите решиха да се върнат у дома и да споделят своите открития с всички. Те създадоха музей, който е отворен за всички, които желаят да видят Розовата долина и нейното богатство. Те се прочуха в цяла България като „откривателите на Розовата долина" и всички искаха да ги видят.

Те бяха много благодарни, че имаха възможност да открият тайните на Розовата долина. Беше като истинско приключение за тях — преживяване, което никога няма да забравят. Всички се чувстваха като истински герои, които са успели да открият съкровището на Розовата долина.

New words | Нови думи

Розовата долина – the Rose Valley
тайнствен/о/а/и – mysterious
скрин – chest, small trunk, box
богатство – wealth, riches
храм/ове – temple/s
съкровище – treasure
скъпоценни камъни – gemstones, gems
скъпоценности – jewels, valuables
крепост/и – fortress/es
скрит/а/о/и – hidden
копче – button

Test yourself | Тествай се

1.   Какво е Розовата долина?

а) Град в България
б) Музей на древните богове
в) Място, известно с красивите рози, които растат там

2.   Какво са търсили приятелите в Розовата долина?

а) Стари монети
б) Забравена крепост
в) Съкровище

3.   Къде местният жител им казва, че могат да намерят съкровището?

а) До река
б) В лозе
в) В планината

4.   Какво направиха приятелите, когато се върнаха от пътуването си?

а) Никога повече не говориха за това
б) Създадоха музей
в) Отидоха на ново пътуване

5.   Как отворили скрина?

а) С ключ
б) С нож
в) Той вече беше отворен

Discussion | Дискусия

1. Какво мислите за решението на приятелите да продължат търсенето си в Розовата долина? Бихте ли направили нещо подобно, ако бяхте на тяхно място?
2. Опитвали ли сте се някога да откриете нещо, което сте смятали за скрито съкровище или богатство?
3. Какво бихте направили, ако откриете нещо ценно, като богатството на Розовата долина? Бихте ли го споделили с другите или бихте го запазили само за себе си?

Answers | Отговори

1 — в
2 — в
3 — а
4 — б
5 — а

Кулинарно пътешествие в България

Имаше едно момче на име Петър, което обичаше да готви и да опитва нови вкусове. Той пътуваше, за да опита различни храни на различни места. Един ден Петър реши да предприеме **кулинарно пътешествие** в родината си – България.

Първата спирка на Петър беше София. Той избра да започне с града, в който живее, и да открие най-вкусните местни ястия. В един малък ресторант на площад „Славейков" той се запозна с готвачката Мария, която му показа как да прави най-вкусната **шкембе чорба** в света.

„Знаеш ли как се прави шкембе чорба?" попита Мария.

„Не съм сигурен, но много я обичам", отговори Петър.

„Ела да ти покажа. Това е една от любимите ми рецепти", каза Мария.

Тя го отведе в кухнята, където му показа как да приготви шкембе чорба.

„Трябва да използваш само пресни продукти и много **подправки**, за да стане вкусна", каза Мария.

Петър беше **впечатлен** от умението на Мария да готви и от това как ястията й могат да променят **настроението** на хората. След като опита шкембе чорбата, Петър поиска още една порция и се усмихна.

„Това е най-добрата шкембе чорба, която съм опитвал някога!" каза той.

„Благодаря ти, Петър. Много се радвам, че ти харесва", отговори Мария.

След като се сбогуваха, Петър продължи да пътува и да опитва различни ястия. По пътя си той посети много градове и села, където срещна много интересни хора.

На един малък пазар в **Родопите** Петър се срещна с готвач, който му показа как да приготви **родопска капама**. Той нареди зеленчуци и месо в глинени съдове и ги изпече във фурна. След няколко часа капамата беше готова и Петър опита първото си парче.

„Това е най-добрата капама, която съм опитвал някога! Благодаря!" каза Петър на готвача.

„Радвам се, че ти харесва. Това е традиционното ястие на нашата област", отговори готвачът.

Петър започна да се чуди как да приготви това ястие вкъщи. Той попита готвача какви **съставки** използва и как го приготвя.

„Трябва да използваш месо от **свинско бутче**, пиле и агнешко. Нарежи ги на кубчета и ги сложи в **глинен съд** заедно с домати, зеленчуци и подправки. Печеш ги във фурната няколко часа и това е", каза готвачът.

Петър беше много щастлив, че е научил

традиционната рецепта за родопска капама и че се е запознал с готвача, който му я показа.

След няколко дни Петър беше на един голям пазар в града, където се продаваха много видове сирена и мед. Той реши да купи по малко от всичко, за да го опита. Докато пазаруваше, срещна много интересни хора.

„Здравейте, може ли да ми кажете какво предлагате?" попита Петър.

„Ние продаваме местни сирена и мед. Опитайте ги, ще ви харесат", отговори един продавач.

Петър опита няколко от сирената, както и от меда. Той беше много впечатлен от тяхната **вкусова хармония**. Купи по малко от всичко и реши да използва сиренето и меда за следващия си кулинарен експеримент.

„Много се радвам, че ми показахте тези вкусни неща", каза той на продавача.

„Радвам се, че ви харесват. Ако някога искате да опитате нещо ново, **не се колебайте** да се върнете при нас", отговори продавачът.

След като купи няколко сирена и малко мед, Петър се прибра вкъщи. Той реши да използва сиренето и меда, за да приготви най-добрия десерт на света – баница с мед и сирене. Наряза баницата на **парчета**, добави мед и парчета сирене върху всяко парче и ги изпече във фурната.

Когато десертът беше готов, Петър го изнесе на масата, за да го опитат приятелите му.

„Това е баница с мед и сирене. Опитайте я!" каза Петър на приятелите си.

Те я опитаха и бяха много впечатлени от вкуса ѝ.

„Това е най-добрата баница, която съм опитвал някога!" каза един от приятелите му.

„Браво, Петър. Ти си най-добрият готвач в града!" каза друг.

Петър беше много щастлив, че неговата рецепта за баница с мед и сирене беше толкова успешна. Той научи много за българската кухня и се забавляваше да готви всеки ден.

„Какво следва в моя списък за готвене?", запита се той. „Може би ще опитам нова рецепта за кисело зеле."

Така приключи кулинарното пътешествие на Петър в България – поне засега. Той научи много и срещна много интересни хора по пътя си. Продължи да опознава нови **краища** на България и да впечатлява приятелите си с нови рецепти.

New words | Нови думи

впечатлен/а/о/и – impressed
настроение – mood
кулинарно пътешествие – culinary journey
шкембе чорба – tripe soup (traditional Bulgarian dish)
подправки – spices
Родопите – the Rhodope Mountains
родопска капама – Rhodope-style stew (traditional dish)
глинен съд / глинени съдове – clay pot/s
съставка/и – ingredient/s
не се колебайте – don't hesitate (formal)
свинско бутче – pork shoulder/leg cut
вкусова хармония – flavor harmony, balanced taste
парче/та – piece/s, slice/s
краища – regions, areas

Test yourself | Тествай се

1. Какво ястие се научи Петър да готви от готвачката Мария?

а) Кебапчета
б) Шкембе чорба
в) Пилешко с пипер

2. Какви съставки трябва да се използват за приготвянето на родопска капама?

а) Само зеленчуци
б) Месо от свинско бутче, пиле и агнешко
в) Само месо от говеждо

3. Какво купи Петър от големия пазар в града?

а) Много дрехи
б) Много книги
в) Различни видове сирена и мед

4.　Какво приготви Петър със закупените продукти?

а) Риба на скара
б) Спагети
в) Баница с мед и сирене

5.　Каква беше реакцията на приятелите на Петър, след като опитаха неговата баница с мед и сирене?

а) Не им хареса
б) Много им хареса
в) Беше твърде сладка

6.　Каква е целта на кулинарното пътешествие на Петър?

а) Да опитва различни ястия на различни места
б) Да срещне нови хора
в) Да научи нови езици

Discussion | Дискусия

1. Кои са любимите ви български ястия и какво ги прави специални?
2. Кое е най-впечатляващото нещо, което сте научили от кулинарните си опити, и как го прилагате у дома?
3. Кои са любимите ви места в България, където можете да опитате традиционна българска храна и да срещнете интересни хора?

Answers | Отговори

1 — б
2 — б
3 — в
4 — в
5 — б
6 — а

Срещу бурята

Животът на рибарите по **черноморското крайбрежие** винаги е бил труден. Но днес беше по-трудно от обикновено. **Внезапна** буря се разрази в морето и затрудни работата на група рибари, които се бяха отправили към **откритите** води, за да ловят риба.

„Трябва да се върнем в близкия **пристан**", каза капитанът на лодката.

„Не, има още едно място, на което можем да отидем", отговори другият рибар.

Всички рибари бяха опитни **моряци**, но дори и те се бояха от тази буря. Въпреки това те решиха да продължат да ловят риба.

Времето ставаше все по-лошо и бурята се

засилваше. Вълните се блъскаха силно в лодката и тя непрестанно се тресеше.

„Трябва да направим нещо, капитане! Лодката няма да издържи на тази буря!" викна един от рибарите.

„Трябва да оставим **мрежите** и да се върнем! Не можем да продължим в това време!" каза друг.

Но капитанът реши да не се предава. Той се обърна към останалите рибари и им каза:

„Трябва да работим заедно, за да преминем през тази буря! Не можем да се предадем! Трябва да държим лодката **стабилна** и да работим заедно, за да останем живи!"

Рибарите започнаха да работят заедно. Те държаха лодката стабилна и се опитваха да избегнат силните вълни, които се удряха в нея.

Времето ставаше все по-лошо, но рибарите не се предаваха. Те се бореха срещу вълните и силните ветрове, за да оцелеят.

„Трябва да спасим лодката! Ако я изгубим, ще загубим и живота си!" каза капитанът.

Рибарите работеха с всички сили, за да спасят лодката. Те я държаха стабилна и се бореха срещу вълните. Но бурята все повече се засилваше и те рискуваха да загубят контрол над лодката.

Но в момента, в който всичко изглеждаше безнадеждно, един от рибарите внезапно забеляза нещо странно във водата. Беше огромна риба, която изглеждаше необикновено голяма и силна. Рибата изплува до лодката и сякаш се усмихна. Рибарите се учудиха на това, което виждаха, и се чудеха какво се случва.

Тогава, за удивление на всички, рибата започна да говори.

„Не се бойте, рибари! Аз съм рибата, която сте ловили цял живот. Искам да ви помогна да преживеете тази буря!" каза рибата.

Рибарите бяха изумени. Никога не бяха чували за риба, която може да говори. Но когато чуха, че тази риба иска да им помогне, те не се поколебаха и решиха да я послушат.

Рибата им обясни, че за да стабилизират лодката си и да я направят по-устойчива на вълните, трябва да я направят по-тежка. Рибата предложи да извика другите риби от морето, които да скочат на борда на лодката и да я направят по-тежка.

Рибарите останаха изумени, но се съгласиха да опитат. Рибата извика своите приятели риби от морето, които скочиха на борда на лодката и я направиха по-тежка. Лодката потъна малко по-надолу и стана по-устойчива. Рибарите се почувстваха по-сигурни, че ще оцелеят.

„Благодарим ти за помощта, рибо", каза капитанът на лодката. „Никога не бихме си помислили, че други риби биха могли да ни помогнат да преживеем бурята."

Рибата се усмихна и каза: „Морето е пълно с изненади и тайни, които чакат да бъдат открити. Никога не се отказвайте и бъдете готови за всякакви предизвикателства."

Рибарите бяха изумени от случилото се. Въпреки това те бяха благодарни за помощта на рибата. Те се чувстваха длъжни да я отведат до брега, но рибата им каза, че трябва да продължи пътя си и да помага на други рибари в беда.

„Знам, че може да звучи странно, но аз съм рибата, която ви избяга много пъти. Искам да ви помогна да увеличите улова си, като ви подсказвам къде има повече риба и как да я ловите по-лесно", каза рибата.

Рибарите бяха доволни от това предложение и приеха помощта ѝ. Те научиха много от нея и успяха да увеличат своя улов. Рибата се появяваше отново и отново, за да им помага, когато имаха нужда от нея.

Това беше началото на дългогодишно приятелство между рибарите и рибата. Те се научиха да си помагат взаимно и да зачитат природата. И така рибарите продължиха да излизат в морето всеки ден, готови да се борят срещу бури и опасности, но знаеха, че никога не са сами. Рибата винаги щеше да бъде там, за да им помогне.

New words | Нови думи

внезапен / на / но / ни – sudden
черноморско крайбрежие – the Black Sea coast
пристан – harbor, dock, small port
открит / открити – open (e.g., open waters)
моряк / моряци – sailor/s
мрежа / мрежи – net/s (fishing nets)
стабилен / на / но / ни – stable

Test yourself | Тествай се

1. **Какво затрудни работата на рибарите в деня на бурята?**

а) Счупен двигател
б) Недостиг на рибарско оборудване
в) Внезапната буря в морето

2. **Какво предложи капитанът на лодката, когато бурята започна да се засилва?**

а) Да се върнат в най-близкия пристан
б) Да продължат да ловят риба въпреки времето
в) Да хвърлят оборудването си във водата

3. **Какво предложи рибата на рибарите, за да стабилизират лодката си?**

а) Да качат повече мрежи и оборудване на лодката

б) Да извикат други риби от морето, за да направят лодката по-тежка
в) Да държат лодката здраво и да се борят срещу вълните

4. Какво постигнаха рибарите, като изпълниха предложението на рибата?

а) Увеличиха теглото на лодката и я направиха по-устойчива на вълните
б) Намалиха теглото на лодката и я направиха по-бърза
в) Избегнаха сблъсък с други лодки

5. Какво каза рибата на рибарите след като бурята отмина?

а) Че други риби ще ги атакуват
б) Че трябва да се върнат на брега
в) Че морето е пълно с изненади и тайни

Discussion | Дискусия

1. Какво е вашето мнение за решението на рибарите да продължат да ловят риба в потенциално опасно време?
2. Как бихте се почувствали, ако бяхте на мястото на рибарите по време на бурята?
3. Според вас странно ли е, че рибата помага на рибарите да улавят други риби? Защо?

Answers | Отговори

1 — в
2 — а
3 — б
4 — а
5 — в

Като Джулия Робъртс

Беше есенна сутрин в малкия град Пазарджик, когато Мария се събуди с **известия**, които я направиха много щастлива. Тя беше спечелила екскурзия до Съединените американски щати (САЩ). Беше развълнувана от мисълта за новото приключение, което я очакваше. Мария беше млада жена с тъмна коса и кафяви очи. Тя обичаше да говори на учениците си за българската култура и нейните традиции, но възможността да ги сподели с чужденци беше нещо съвсем различно.

Няколко седмици по-късно Мария пристигна в САЩ. Тя беше зашеметена от големия град, който я **посрещна**, но беше готова да изследва новото място. Настани се в хотела и скоро получи покана да посети дома на

семейството, което беше посрещнала по време на техния престой в България.

Тя влезе в красивия дом, който беше **обзаведен** с всичко, което можеше да се очаква от един традиционен американски дом. Мария беше възхитена от красивите мебели и декорации. Веднага се запозна с **домакините** и започна да разговаря с тях на английски.

Те ѝ предложиха да опита някои от местните ястия и Мария беше зашеметена от различните вкусове. Тя им разказа за българската кухня и им предложи да опитат някои от нейните традиционни ястия. Те се заинтересуваха и Мария отиде в кухнята, за да ги приготви.

Мария приготви българско гювече – традиционно ястие с месо, зеленчуци и ориз, което беше популярно в България. Тя им разказа за традициите, свързани с ястието, например че се сервира горещо и се яде с хляб. Домакините бяха много впечатлени от вкуса и Мария беше щастлива, че може да им сподели нещо толкова важно за нея.

По това време в къщата пристигнаха гости – американският син на домакините, Джон, и сестра му – Кейт. Когато Джон видя Мария, той се зарадва и бързо я поздрави. Мария беше малко объркана от изненадата, но се усмихна и го поздрави.

Кейт също забеляза Мария и се зарадва, че има още една жена в къщата, с която може да сподели преживяванията си. Те бързо се запознаха и Мария беше изненадана от това колко много има да научи от тези хора.

След това решиха да отидат на разходка из града и Мария беше **възхитена** от всичко, което видя. Те посетиха музеи, галерии и различни кафенета и ресторанти. Мария се усмихваше и се радваше на всеки момент, който прекарваше с тях.

В следващите дни Мария продължи да разговаря с Джон и Кейт и бързо ги опозна. Те бяха много интересни хора и Мария чувстваше, че може да говори с тях за всичко.

Един ден, когато бяха на разходка, Джон

каза на Мария, че има едно място, което тя трябва да види. Те отидоха до градския парк, където имаше голямо езеро. Джон нае лодка и те **плаваха** наоколо, докато разговаряха за своя живот и се наслаждаваха на красивата гледка.

Когато се върнаха, седнаха на брега на езерото и продължиха да разговарят. Това беше моментът, в който Джон се обърна към Мария и каза:

„Мария, много се забавлявам с теб. Ти си толкова умна и забавна и искам да продължим да се виждаме и да разговаряме."

Мария беше изненадана от тези думи и не знаеше какво да каже. Тя беше малко объркана и се усмихна, без да продума нищо.

„Разбирам, че може да се чувстваш объркана", каза Джон. „Аз също не знам какво точно мисля за нас. Но искам да ти дам време да помислиш."

Мария се усмихна и се почувства по-спокойна. Тя се наслаждаваше на момента и не искаше да мисли за бъдещето.

След няколко дни, когато Мария се върна в България, тя беше много **разтърсена**. Чувстваше се объркана и не знаеше какво точно се беше случило между нея и Джон.

Тя се върна в класната стая и започна да говори на учениците си за българските традиции и култура. Но в **ума** ѝ беше Джон и всичко, което беше **изживяла** в САЩ.

Един ден, когато Мария беше на работа в училище, някой позвъни на вратата ѝ. Тя отиде да отвори и се изненада да види Джон. Той беше дошъл до училището, за да я изненада и да ѝ каже, че не може да спре да мисли за нея.

Мария беше изненадана и радостна да го види. Те разговаряха и се смееха, докато обикаляха града. Джон искаше да научи повече за българската култура и традиции и решиха да отидат на вечеря в ресторант, където можеха да опитат традиционни български ястия.

Мария му предложи да опитат баница – традиционно българско ястие, направено с точени кори, сирене и яйца. Джон беше много впечатлен от вкуса и Мария му разказа повече за традициите, свързани с ястието. Тя му обясни, че това е едно от най-популярните ястия за Коледа в България и че се яде заедно с други традиционни ястия като капама, сарми и свинско с магданоз.

Джон беше много заинтересован от културата и традициите на България и решиха да продължат да се виждат и да се учат един от друг.

В един момент, когато бяха в ресторант, Джон предложи на Мария да отидат заедно на кино. Тя се съгласи и те отидоха да гледат филм. Филмът беше Pretty Woman с Джулия Робъртс и Ричард Гиър. Мария беше възхитена от филма и от начина, по който героинята промени живота си.

Тя погледна към Джон и каза: „Това е точно като нас."

Джон се усмихна и каза: „Да, така е. Ти си моята Джулия Робъртс."

Мария се усмихна и реши, че той е мъжът, с когото иска да бъде до края на живота си.

New words | Нови думи

известия – notifications, messages
обзаведен/а/о/и – furnished
посрещна – to meet, greet, welcome
домакин/и – host/s
възхитен/а/о/и – delighted, impressed, thrilled
плавам – to sail, to row/boat
разтърсен/а/о/и – shaken, upset
ум – mind
изживял/а/о/и – experienced, lived through

Test yourself | Тествай се

1. Каква е професията на Мария?

а) Учителка
б) Доктор
в) Инженер

2. Къде се запознаха Мария и Джон?

а) В Съединени американски щати
б) В България
в) В Италия

3. Кое традиционно българско ястие приготви Мария за Джон?

а) Гювече
б) Баница
в) Капама

4. Какъв филм гледаха Мария и Джон заедно в киното?

а) "Pretty Woman"
б) "Forrest Gump"
в) "Titanic"

5. Какво разбра Мария в края на историята?

а) Че не харесва Джон
б) Че иска да бъде с Джон завинаги
в) Че е гладна

Discussion | Дискусия

1. Какво ви впечатли най-много в тази история и защо?
2. Как мислите, че бихте се справили, ако бяхте на мястото на Мария? Бихте ли искали да научите повече за чужди традиции и култури?
3. Какво според вас е най-важно за успеха на връзката между Мария и Джон?

Answers | Отговори

1 — а
2 — а
3 — б
4 — а
5 — б

Разкриването на тайната на българската гора

Ирина, Петър, Иван и Катя бяха четирима добри приятели, които обичаха да се разхождат из красивата българска природа и да я изследват. Те се срещаха всяка събота и неделя, за да ходят на разходки, да изследват нови места и да се забавляват заедно.

Един ден, докато бяха на разходка в гората, те откриха една **изоставена** къща. Тя беше в много лошо състояние. Прозорците бяха заковани с дъски. Ирина и Катя бяха малко страхливи, но Петър и Иван бяха много **любознателни** и решиха да влязат в къщата.

Вътре откриха много стари книги и документи. Сред документите намериха дневник, който принадлежеше на предишния собственик на къщата. В него имаше няколко бележки за странни събития в гората. Те забелязаха няколко имена, които се появяваха в дневника повече от веднъж – Благой, Христо и Рада.

„Това започва да става много **зловещо**", каза Катя.

„Да, може би трябва да го **разследваме**", каза Иван.

Те решиха да продължат разходката си из гората, за да потърсят допълнителни **доказателства**. Обикаляха с часове, но не успяха да открият нищо. Единственото, което видяха, беше хубавата гледка и красивите растения.

В края на деня, когато бяха на път към селото, те откриха странна пещера. Никой от тях не я беше виждал досега. Те бяха любопитни какво има в пещерата и решиха да влязат.

Когато влязоха в пещерата, забелязаха няколко странни символа на стената. Опитаха се да ги прочетат, но не можеха да разберат какво означават.

„Това е мистериозно", каза Ирина.

„Да, може би тези символи имат нещо общо със загадката на гората", добави Иван.

Вдъхновени от тези мисли, приятелите решиха да продължат да изследват пещерата. В края ѝ откриха заключен сандък. Катя успя да го отключи и вътре намериха карта, която водеше до скрита пещера.

„Това най-вероятно е мястото, където се крие тайната на гората", каза Петър.

По пътя към пещерата приятелите откриха много други интересни неща. Намериха **мощна** река, която преминаваше през гората, и много големи камъни, които изглеждаха като **чудовища**.

„Това е наистина забележително място", каза Ирина.

Вечерта, след като се върнаха в селото, приятелите решиха да обсъдят какво да правят със скритата пещера. Те решиха да отидат там по време на следващата си разходка. Когато стигнаха до пещерата, намериха много **скелети** на животни. Имаше и странни символи по стените.

„Това е много страшно", каза Катя.

„Трябва да открием какво означават тези символи и защо има толкова много скелети", каза Петър.

Приятелите изследваха пещерата и откриха магическо **устройство**, което излъчваше много мощна магическа енергия. Те не знаеха какво да правят с него, но решиха да го запазят, за да го изследват по-късно.

В този момент чуха шум навън. Приятелите излязоха, за да видят какво се случва, и забелязаха, че към тях идва голяма група горски чудовища.

Изглеждаше, че чудовищата не са приятелски настроени. Приятелите трябваше да се изправят срещу тях.

„Трябва да ги спрем!", каза Иван.

„Да! Те не трябва да ни попречат да разберем тайната на гората!", добави Ирина.

Приятелите започнаха да се бият с горските чудовища. Беше трудно, но благодарение на своята силна воля успяха да ги победят.

„Това беше много трудно", каза Катя.

„Да, но ние правим това за добро", отговори Петър.

В следващите дни приятелите работиха усилено, за да разберат повече за тайната на гората. Те изследваха дневника, който откриха в изоставената къща, и устройството, което намериха в скритата **пещера**.

След няколко дни, докато все още търсеха отговори, срещнаха стар мъж, който им разказа за магическото устройство. Той им каза, че то може да изпълни желанията на всеки, който го притежава.

„Това е много опасно", каза Ирина.

„Да, ако попадне в ръцете на неподходящите хора, може да предизвика голямо зло", добави Иван.

Приятелите се почувстваха отговорни и решиха да действат. Те знаеха, че не искат устройството да попадне в погрешни ръце.

„Трябва да направим нещо", каза Петър.

„Ако устройството може да изпълнява желания, можем да му кажем да изпълни нашата мечта", предложи Катя.

„Да, можем да го помолим да направи гората по-безопасно и по-мирно място за нейните посетители", каза Иван.

Приятелите се събраха заедно и обсъдиха какво точно да кажат на устройството. Когато решиха какво е желанието им, се хванаха за ръце и казаха:

„Нека гората бъде по-безопасно и по-мирно място за всички, които я посещават."

На следващия ден приятелите се върнаха в гората, за да проверят дали желанието им се е изпълнило. Те бяха изумени да видят, че гората изглежда много по-мирна и по-безопасна. Вече нямаше странни звуци или опасни чудовища. Те се радваха, че са успели да направят гората място, където всички могат да се чувстват спокойни и защитени.

След като желанието им се сбъдна, приятелите забелязаха, че устройството е изчезнало. Те се почувстваха облекчени, че то вече не може да предизвика зло. Знаеха, че са направили нещо добро за гората и за света.

След това приятелите решиха да се разделят. Всеки трябваше да продължи по своя собствен път. Те обаче винаги щяха да си спомнят един за друг, както и за приключенията, които бяха споделяли. Прегърнаха се и се разделиха с усмивки.

„Беше невероятно да изследваме гората заедно", каза Ирина.

„Да, вие бяхте най-добрата компания на света", каза Иван.

„Благодаря ви, приятели, че бяхте тук с мен", каза Катя.

Петър каза: „Никога няма да забравим това приключение. То ще остане в сърцата ни завинаги."

Така приятелите се сбогуваха и се разделиха, като всеки продължи по своя път. Но знаеха, че винаги ще бъдат един до друг и ще се видят отново.

С глави, изпълнени с приключения и нови знания, приятелите се върнаха към градския живот. Те знаеха, че имат много за споделяне с другите хора и че ще продължат да търсят нови приключения и загадки заедно. Вече нямаше нищо, което да ги спре.

New words | Нови думи

зловещ/а/о/и – sinister, eerie
чудовище/а – monster/s
любознателен/на/но/ни – curious, inquisitive
разследвам – to investigate
устройство/устройства – device/s
пещера/и – cave/s
изоставен/а/о/и – abandoned
скелет/и – skeleton/s
доказателства – evidence
мощен/на/но/ни – powerful

Test yourself | Тествай се

1. **Каква къща откриха приятелите в гората?**

а) Нова и модерна
б) Изоставена и порутена
в) Луксозна и обзаведена

2. **Какво откриха приятелите в заключения сандък?**

а) Карта към скрита пещера
б) Съкровище от злато и сребро
в) Тайнствен артефакт

3. **Какво излъчваше устройството, което откриха в пещерата?**

а) Мощна магическа енергия
б) Светлина и топлина
в) Звук и музика

4.   С какво трябваше да се сблъскат приятелите в гората?

а) Горски чудовища
б) Липса на вода и храна
в) Лошо време и бурен вятър

5.   Какво научиха приятелите в края на историята?

а) Че заедно могат да преодолеят всичко
б) Че е по-добре да се борят сами
в) Че тайните на гората не могат да бъдат разкрити

Discussion | Дискусия

1. Какви важни уроци можете да научите от приключението на приятелите в гората?
2. Били ли сте на забавни приключения с вашите приятели? Разкажете за тях.
3. Обичате ли да посещавате гори? Коя е любимата ви?

Answers | Отговори

1 — б
2 — а
3 — а
4 — а
5 — а

Градът на културата

Наталия беше весело момиче от Шумен, в северната част на България. Днес тя прекара деня си в града на културата – Пловдив. Реши да се разходи из града и да разгледа всички забележителности. Тръгна от главната улица, където видя много магазинчета със забавни играчки и красиви дрехи.

„Здравей, красивице", каза глас зад нея. Наталия се обърна и видя едър, висок мъж. Той беше с черна коса и зелени очи.

„Здравей", каза тя. „Аз съм Наталия, а ти?"

„Казвам се Александър", отговори той. „Има ли нещо, което искаш да ти покажа? Знам всички тайни места в града."

„Да, моля", отговори Наталия.

Тя беше развълнувана от предложението на Александър. Той я заведе в музея на изкуството. Там тя видя красиви картини, които много я впечатлиха. След това отидоха до една крепост. Качиха се на стените ѝ и разглеждаха града.

Това беше нещо, което Наталия никога не беше правила досега. Тя беше възхитена от гледката.

„Това е невероятно!" каза тя.

„Да, гледката оттук е невероятна", каза Александър. „Но това не е най-доброто място, което мога да ти покажа. Има място, което е много по-вълнуващо."

„Къде е то?" попита Наталия.

„Ще ти покажа", каза Александър и я заведе до старинния римски амфитеатър. Там имаше много хора, които се забавляваха.

„Хайде да седнем там!", каза Александър. „Ще видиш нещо уникално."

Те **седнаха** на местата си, точно в средата на амфитеатъра. Оттам гледаха как танцьори и артисти излизат на сцената и **изпълняват** вълнуващи и магически номера. Наталия не можеше да повярва какво се случва пред очите й.

„Това е невероятно!" каза тя на Александър. „Ти ме отведе на най-вълнуващото място в града!"

„Това е само началото", каза Александър. „Има още много неща, които искам да ти покажа."

След като изгледаха изпълненията в амфитеатъра, те отидоха до Стария град. Там се разхождаха из **средновековните** улици, които бяха пълни с туристи. Влизаха в различни галерии и музеи, където **се наслаждаваха** на красиви картини и изложби.

„Това е страхотно!" каза Наталия. „Знаеш най-добрите места в града."

„Това не е всичко", каза Александър. „Има още едно място, което трябва да видиш."

Те посетиха Капана – квартала на изкуствата. Там се разхождаха покрай малките магазинчета, където видяха **ръчно изработени изделия** и вкусна храна. Седнаха в едно от кафенетата и поръчаха топли напитки.

„Никога не съм била на толкова красиво място", каза Наталия. „Благодаря ти много за всичко."

„Не ми благодари, за мен беше удоволствие", отговори Александър. „Но ти каза, че си в града само за един ден. Защо не останеш тук по-дълго?"

„Мислех, че няма достатъчно места за разглеждане", каза Наталия. „Но сега знам, че съм грешала. Ще остана още малко и ще разгледам още неща."

Когато дойде време за вечеря, Александър каза на Наталия: „Ще ми позволиш ли да те изведа на вечеря?"

„Разбира се", отговори тя. „Къде ще отидем?"

„Има едно място, което много ми харесва", каза Александър. „Там има вкусна храна и красива гледка към града."

Те отидоха в ресторанта, където Александър поръча храна и за двамата. Говориха за любимите си забележителности и за това как Наталия се е влюбила в Пловдив.

Александър беше чудесен **събеседник** и знаеше как да я забавлява. Те говориха за интересите си, за това какво обичат да правят и за мечтите си за бъдещето.

„Аз също обичам този град", каза Александър. „Той е много специален за мен, защото тук имам много спомени от детството си."

„Разкажи ми повече за това", помоли Наталия.

Те продължиха да говорят и това беше началото на тяхната романтична вечеря. Наталия беше впечатлена от Александър и от силната му връзка с града. Те се смееха и се забавляваха като двама добри приятели.

Когато вечерята приключи, Александър попита Наталия дали иска да се разходят до амфитеатъра. Там застанаха на върха на **трибуните** и се наслаждаваха на красивата гледка към града.

Наталия се обърна към Александър и каза: „Това е най-красивото място, на което съм била."

Александър се усмихна и отговори: „Това е мястото, където искам да те запозная с нещо много специално за мен."

Той започна да търси нещо в джоба си и

извади малка кутийка. Когато я отвори, вътре имаше красив пръстен.

„Наталия, искаш ли да бъдеш моята приятелка?" попита Александър с усмивка.

Наталия беше изненадана, но много щастлива. Тя отговори: „Разбира се, Александър."

Така те станаха двойка и започнаха да изживяват красиви моменти заедно в града на културата.

Един ден, когато се разхождаха из Стария град, видяха малка книжарница. Александър каза: „Искам да ти покажа едно място, което е много специално за мен."

Те влязоха вътре и Александър започна да разглежда книгите. Намери една стара книга на български език, написана от баба му преди години. Когато я отвори, откри записани спомени за града и за семейството му.

Наталия беше много впечатлена и започна да чете книгата. Тя разбра, че бабата на Александър е работила в музей и е рисувала картини за различни изложби. Наталия беше зашеметена от красотата на картините и реши да отиде в музея, за да ги види на живо.

Когато стигнаха в музея, откриха, че **изложбата** е наистина прекрасна. Наталия се влюби в картините и реши да купи една от тях.

„Благодаря ти, че ми показа толкова красиви неща. Без теб нямаше да ги открия", каза тя.

Александър се усмихна. „Това е най-малкото, което мога да направя за теб. Искам да те запозная с всичко красиво в града на културата."

Само няколко месеца по-късно Александър попита Наталия дали иска да живее заедно с него.

Тя се съгласи, ако той постави картината на баба си на входа на къщата като спомен за техните невероятни моменти.

„Разбира се", съгласи се той.

И така те заживяха щастливо до края на дните си.

New words | Нови думи

сядам / седна – to sit down, take a seat
изпълнявам – to perform, execute
средновековен/на/но/ни – Medieval
изложба/и – exhibition/s
ръчно изработени изделия – handmade crafts
събеседник – interlocutor, conversationalist
трибуни – stands, tiers (seating in a stadium/theatre)
наслаждавам се – to enjoy

Test yourself | Тествай се

1. **Как се казва главната героиня?**

а) Александър
б) Наталия
в) София

2. **С какво е известен Пловдив?**

а) Като столица на България
б) Като център на изкуството, културата и историята
в) Като индустриален град

3. **Какво открива Наталия в Пловдив?**

а) Красотата на архитектурата, галериите и музеите на града
б) Най-евтините хотели в града
в) Най-бързия начин за пътуване в града

4. Къде вечерят Александър и Наталия?

а) В оживен италиански ресторант
б) В ресторант с красива гледка към града
в) В заведение за бързо хранене

5. Какво показва Александър на Наталия в книжарницата?

а) Картина
б) Книга
в) Цвете

6. Какво се случва в края на историята?

а) Те заживяват заедно
б) Те се разделят
в) Те заминават на почивка във Варна

Discussion | Дискусия

1. Кое е вашето любимо място за култура и изкуство? Защо е толкова специално за вас?
2. Мислите ли, че Наталия и Александър са подходяща двойка? Защо или защо не?
3. Ако можете да посетите който и да е музей по света, кой бихте избрали и защо?

Answers | Отговори

1 — б
2 — б
3 — а
4 — б
5 — б
6 — а

Лятна приказка

Влад беше много развълнуван да отиде на морето в Созопол. Той не беше ходил там от години и се надяваше да срещне нови приятели и да се забавлява на плажа.

Когато пристигна в **курорта**, беше възхитен от красивия каменен плаж и кристалните води на морето. Там той срещна Ива и Станко, двама местни жители, които го поканиха да се присъедини към тяхната компания.

„Здравей, Влад! Добре дошъл в Созопол! Аз съм Ива, а това е Станко. Ние обичаме да се забавляваме тук", каза Ива с усмивка.

„Благодаря ви! Аз също искам да се забавлявам и да науча повече за българската култура", отговори Влад.

Всички заедно взеха слънцезащитен крем и кърпи и тръгнаха към морето. Там **се хвърлиха** във вълните и се забавляваха като деца.

"Влад, забеляза ли колко хора играят волейбол на плажа? Това е много популярна игра тук, в Созопол", каза Станко.

„Наистина! И аз обичам да играя волейбол. Хайде да играем заедно!", отговори Влад.

Те се присъединиха към група хора, които играеха волейбол на плажа. Играта беше много забавна и Влад научи много нови български думи.

След играта те седнаха на плажа и започнаха да ядат традиционна българска храна – мусака и салата с домати и краставици.

„Това е любимата ни храна за плажа. Много е вкусна!", каза Ива.

„Страхотно е! Обожавам мусака", отговори Влад с усмивка.

Те се забавляваха на плажа цял ден, а вечерта отидоха в местен бар, където имаше традиционна българска музика и танци.

Докато танцуваха, Влад забеляза, че има човек, който **се навърта** около тях и ги наблюдава. Изглеждаше странно, но те продължиха да се забавляват, без да му обръщат внимание.

След танца те седнаха и поръчаха традиционно българско вино – мавруд. То беше много вкусно и Влад беше изненадан, че не го е опитвал досега.

„Обожавам мавруд. Той е толкова вкусен и освежаващ", каза Станко.

„Съгласен съм! Аз също никога не съм пил нещо толкова вкусно", отговори Влад.

Докато Влад се наслаждаваше на виното, човекът, който ги наблюдаваше, се приближи до тях.

„Здравейте! Може ли да **се присъединя** към вас?", каза той с усмивка.

Те му отговориха положително и започнаха да разговарят. Той беше много приятен и интересен, но те не знаеха нищо за него.

След няколко минути той се обърна към Влад.

„Ти не ме познаваш, но аз те познавам. Ти си Влад, нали?", каза човекът.

Влад се почувства изненадан и леко **неловко**. Той не можеше да си спомни кой е този човек.

„Да, аз съм Влад. Но не си спомням откъде ме познаваш", каза той.

„Аз съм Радо, брат на едно момиче, с което се запозна преди година във Варна. Тя ми каза за теб и че това лято ще бъдеш в Созопол", обясни Радо.

Влад се усмихна. Сега си спомни. Преди година се беше запознал с едно момиче на парти във Варна, с което беше изгубил връзка. Той често мислеше за нея. Радо беше нейният брат и го беше разпознал.

„Ах, да, сега **се сещам**! Как е тя? Къде е?", попита Влад.

„Тя е добре и живее в Созопол", каза Радо.

Влад се усмихна и се почувства облекчен. Той беше много щастлив, че ще има възможност да се види с момичето отново.

На следващия ден Влад се срещна с момичето, което си спомняше, и те се забавляваха цял ден заедно. Тя му каза, че е мислила много за него, и двамата разговаряха с часове за това какво са правили, откакто са се видели за последен път.

Така Влад изживя незабравимо лято в Созопол, където се срещна с нови приятели, опита традиционна българска храна и напитки и се потопи в уникалната култура на българския морски курорт. Но най-важното беше, че срещна любовта на живота си благодарение на Радо – човекът, когото беше срещнал в бара в първата си нощ в Созопол.

New words | Нови думи

курорт/и – resort/s
хвърля се – to throw oneself, jump into
навъртам се / навърта се – to hang around, linger around
присъединявам се – to join
неловък/ка/ко/ки – awkward, clumsy
сещам се / сетя се – to remember, recall

Test yourself | Тествай се

1. Какво искаше Влад да направи през лятото в Созопол?

а) Да гледа филми в киното
б) Да се забавлява
в) Да ходи на ски

2. С кого се запозна Влад на плажа?

а) Ива и Станко
б) Никол и Радо
в) Мирослав и Красимир

3. Къде Влад за първи път се е запознал с момичето?

а) Варна
б) Рим
в) Гърция

4.   Какво ядоха приятелите на плажа?

а) Пица
б) Баница
в) Салата и мусака

5.   В кого се влюби Влад в Созопол?

а) Ива
б) Петър
в) Никол

6.   Кой е Радо?

а) Братът на Никол
б) Братът на Влад
в) Майката на Влад

Discussion | Дискусия

1. Посещавали ли сте българското Черноморие? Ако да, как беше? Ако не, къде бихте искали да отидете и защо?
2. Имали ли сте някога неочаквана среща с някого от миналото си?
3. Кои са вашите любими дейности на плажа?

Answers | Отговори

1 — б
2 — а
3 — а
4 — в
5 — в
6 — а

Thank you for reading this book of short stories in Bulgarian! We hope you enjoyed it and found it helpful in improving your language skills. If you have a moment, please consider leaving a **review** on Amazon, Goodreads or wherever you purchased the book.

Your feedback would be greatly appreciated and would help other language learners discover this book. *Thank you again for your support!*

**Visit us at
www.bellanovabooks.com
for more great books, including books in other languages.**

Great work! Why not improve your speaking too?

Available now in all major online bookstores.

www.ingramcontent.com/pod-product-compliance
Lightning Source LLC
LaVergne TN
LVHW040154080526
838202LV00042B/3155